おいしくのもうよ

東海林 明子

おつまみ　お惣菜
おしゃれなひと皿など
お酒と一緒だから
おいしいレシピ

ひとりで、ふたりで、みんなで、

いろいろなところで料理を作り、食べてもらうと、「これ、ビールにいいね」とか「あ、ワインが欲しい」などと言われることがよくあります。それが、じゃがいも料理というテーマだったり、サラダというテーマだったりしても、です。もしかして、私の料理って、基本的にお酒に合うレシピなのかしら？ 本人はテーマに沿ったレシピを出しているつもりなんですけれど。

それならいっそ、お酒のつまみで本を作っちゃおうと思いました。簡単なおつまみから、ご飯にもお酒にもいけるお惣菜、ホームパーティーに便利なメニュー、ワインにぴったり合う料理、しめのご飯もの

とにかく、おいしく のもうよ！

や麺類も盛りこんで、お酒が好きな人はもちろん、お酒を囲む雰囲気が好きな人、そしてお酒は飲めない人も使える1冊にしました。
私の最初の本は「おいしいもの たべようよ」でしたが、おいしいシリーズ（？）第2弾「おいしく のもうよ」です。
ひとりで焼酎や日本酒をちびちび傾けるときも、ふたりでワインを開けるときも、みんなでビールをぐびぐび飲むときも、おいしいおつまみや料理と一緒にしあわせな時間を過ごしてください。
さあ、私もしあわせな時間を始めようかな……。

東海林 明子

おいしく のもうよ ◎ もくじ

02　ひとりで、ふたりで、みんなで、とにかく、おいしく のもうよ！

とりあえずコレ

06　ちくわのにんにくバター
　　ルッコラと焼きのりのサラダ
08　長いものゴマみそ焼き
　　ほうれん草のアーモンド炒め
　　ピータンとザーサイの冷奴
　　小ねぎとタラコの韓国風
　　大豆のおろしあえ
10　チーズの小さなおつまみ
　　黒豆のヨーグルトあえ
12　らっきょうのツナマヨあえ
　　たくわんとキムチのあえもの
13　鮭トバとスライスオニオン
　　イカくんとセロリ
14　風味数の子
　　かつお梅
15　豆腐のバター焼き

おつまみ惣菜

16　シャケ大根
18　ホッキのエスカルゴ風
19　カキの赤みそ煮
20　イカのマヨネーズ炒め
21　みがきニシンの木の芽焼き
22　サンマのオイスターソース煮
23　ツブと青唐辛子のスープ煮
24　ささみの粒マスタード焼き
25　豚バラ肉じゃが
26　さわやか酢豚
27　親子巻き
28　軟骨入りつくね
29　牛肉の甘辛炒め
30　鶏肉のマーマレード照り焼き
31　揚げ豚と大根のマリネ
32　麻婆こんにゃく
　　鶏肉のみそマヨ焼き
　　さつまいものレモン煮
34　豚ひき肉のレンゲ蒸し
35　イカとセロリの蒸し餃子
36　メークインとセロリのサラダ
37　ささがきごぼうのサラダ
38　揚げれんこんとジャコのサラダ
39　切り干し大根のサラダ
40　なすの香り炒め
41　大根と干し貝柱の煮もの
42　にんじんタラコ
43　ごぼうのペペロンチーノ
44　トマトとズッキーニの肉包みフライ
46　ゆで卵のあつあつソース
　　長いものさんしょうあえ
47　イワシ入り卵焼き
48　土佐豆腐
49　クーブイリチー
50　春雨とエビの炒め煮
51　黒豆コロッケ

52 あの人の器で、もっとおいしく

フィンガーフード
56 マグロのカナッペ
58 餃子の皮のピザ風
59 キャベツのロールサラダ
60 きゅうりのボート
　　しいたけのスペイン風詰めもの
　　オイルサーディンの小さなサンドイッチ
62 りんごのシガー春巻き
63 魚介のフリット
64 鶏肉のチューリップ揚げ
65 リエット

ワインとマリアージュ
66 牛肉の黒ビール煮
68 マコガレイのクリームソース
70 ぶどうの赤ワインリゾット
71 シシャモのコカ
72 サバのラヴィゴットソース
73 鯛のポワレ
74 ガランティーヌ
76 チキンのオリーブ煮
77 サルティンボッカ
78 ラム骨付き肉のパン粉焼き
79 鮭のキッシュ
80 合鴨のステーキ・バルサミコソース
82 ポテトの生クリーム焼き
83 ペンネのクワトロチーズ

しめにはやっぱり
84 ゆず風味の野菜寿司
86 もずく雑炊
87 サンマのひつまぶし風
88 キムチサンドおにぎり
89 冷や汁
90 きのこそば
　　カレーうどん
91 タラコのあっさりそうめん
92 フォー風きしめん
93 シンガポール風焼きビーフン

94 いつもの、とっておきの、思い出の、お酒たち

※各レシピの材料は2人分、4人分、また4個分など、料理の内容や作りやすさに合わせて変わっていますので、ご注意ください。
※大さじ1=15cc、小さじ1=5cc、1カップ=200ccです。
※特に記載がない場合、しょうゆ=濃口しょうゆ、砂糖=上白糖、塩=自然塩、みそ=米みそ、酢=米酢、小麦粉=薄力粉、みりん=本みりんを使用しています。
※だし汁は、昆布とかつお節でとったものです。少量の場合は水とだしの素を利用してもかまいません。スープも鶏がらでとったものが基本ですが、水と固形スープの素やがらスープの素を利用してもかまいません。
※材料の分量は平均的なものです。素材の大きさや水分などの状態によって、調味料を加減するなど、おいしく作ってください。
※加熱時間はめやすです。火加減やオーブンの機種などによって異なりますので、様子を見ながら加熱してください。
※付け合わせやトッピングなどは参考例です。

とりあえずコレ

いわゆる前菜的なものがあれば、おいしいお酒の時間はすぐに始まります。
少ない材料で、簡単で、手早く作れる。そんな「とりあえず」のおつまみをいろいろと。

ちくわのニンニクバター
ちょっぴりエスカルゴの味がしますよ!?

材料（2人分）
- ちくわ（小）……………………4本
- みつば………………………2～3本
- にんにく………………………1片
- バター…………………………15g
- A
  - 塩………………………小さじ1/3
  - こしょう………………………少々

作り方
1. ちくわは厚さ2cmの輪切りにし、みつばはみじん切りにする。にんにくはすりおろす。
2. フライパンにバターを溶かし、ちくわを炒めて軽く焦げ色がついたら、にんにくとAを加えてからめ、仕上げにみつばを散らす。

ルッコラと焼きのりのサラダ

意外な素材の組合せですが、これがいけるんです。

材料（2人分）

ルッコラ	30g
焼きのり	1枚
A [グレープシード油	大さじ1と1/2
ブルーチーズ	15g

作り方

1. ルッコラは水にさらしてパリッとさせ、水気を取って食べやすくちぎる。焼きのりは大きめにちぎる。
2. Aをざっくり混ぜ、器に盛った1にかける。

長いもの ゴマみそ焼き(左上)

これはお弁当のおかずにも
オススメです。

材料(2人分)
長いも(細めのもの)……………6cm
A ┃ 練りゴマ(白)……………小さじ2
　┃ みそ……………………………小さじ1
　┃ 豆板醤……………………………少々
けしの実……………………………少々

作り方
1. 長いもは厚さ1.5cmの輪切りにし、皮をむく。Aをよく混ぜて長いもの片面に塗る。
2. オーブントースターで7〜8分焼いて(天板を使うか網にアルミ箔を敷く)、けしの実を散らす。

小ねぎとタラコの 韓国風(右中)

小ねぎを薬味ではなく
野菜として使ってみました。

材料(2人分)
小ねぎ………………………………1/3束
タラコ…………………………………30g
にんにく……………………………1/2片
A ┃ しょうゆ……………………大さじ1/2
　┃ みりん……………………………小さじ1
　┃ ゴマ油……………………………小さじ1
　┃ すりゴマ…………………………小さじ1
　┃ 粉唐辛子………………………小さじ1/4

作り方
1. 小ねぎは斜め切りにし、タラコは薄皮から出してざっくりほぐす。にんにくはすりおろす。
2. Aを合わせた中にタラコ、にんにくを加え、小ねぎを入れてあえる。

ほうれん草の アーモンド炒め(右上)

アーモンドとパン粉で
香ばしく仕上げました。

材料(2人分)
ほうれん草…………………………40g
アーモンド………………………4〜5粒
サラダ油……………………………大さじ1
生パン粉……………………………大さじ1
塩・こしょう……………………各少々

作り方
1. ほうれん草はゆでて水にさらし、水気を絞って3〜4cmに切る。アーモンドは粗く刻んでおく。
2. フライパンにサラダ油を熱してパン粉を炒め、カリッとしたらアーモンドを入れて炒め、ほうれん草を加えてさっと炒め、塩・こしょうで味を調える。

大豆のおろしあえ(下)

身近な加工食品を使って
酢のものにしました。

材料(2人分)
大根…………………………………100g
A ┃ 酢……………………………………大さじ1
　┃ 砂糖………………………………小さじ1
　┃ 塩……………………………………少々
ゆで大豆……………………………20g
鮭フレーク(瓶詰)…………………15g

作り方
1. 大根はおろして水気を軽くきり、Aを混ぜる。
2. 1で大豆と鮭をあえる。

ピータンと ザーサイの冷奴(左中)

ピータンは好きな素材。
うずらなら小さくて手軽です。

材料(2人分)
豆腐…………………………………150g
ザーサイ……………………………15g
うずら卵のピータン………………2個
長ねぎ………………………………4cm
ゴマ油………………………………小さじ2
イクラ………………………………適量
しょうゆ……………………………少々

作り方
1. 豆腐は2つに切り、ザーサイは粗みじん切り、ピータンは半分に切る。長ねぎは縦にせん切りし、水にさらして水気を取る。
2. 器に豆腐を盛ってザーサイとピータンをのせ、熱したゴマ油をかけ、ねぎとイクラをのせる。好みの量のしょうゆをたらす。

とりあえずコレ

チーズの小さなおつまみ

チーズだけでもおつまみですが、
何かをプラスすると……。

◎きゅうりとゴルゴンゾーラ
材料(2人分)
きゅうり……………………………1/2本
塩……………………………………少々
パン…………………………………適量
ゴルゴンゾーラチーズ…………30g

作り方
1. きゅうりは斜め切りにし、軽く塩をふる。パンは小さく切る。
2. きゅうりにパンとゴルゴンゾーラをのせる。

◎ぶどうとカマンベール
材料(2人分)
ぶどう(大粒)………………………4粒
カマンベールチーズ………………60g

作り方
1. ぶどうは皮をつけたまま4分の1に切り、種を取る。
2. カマンベールはくし型に切り、1を2切れずつのせる。

◎いぶりがっことパルミジャーノ
材料(2人分)
いぶりがっこ………………………40g
パルミジャーノチーズ……………20g
黒七味………………………………少々

作り方
1. いぶりがっこは棒状に切り、パルミジャーノは薄く削る。
2. いぶりがっこにパルミジャーノをのせ、黒七味を振る。

黒豆のヨーグルトあえ

甘くて少し酸味があり、
白ワインに合いますよ。

材料(2人分)
プレーンヨーグルト………1/4カップ
はちみつ……………………………大さじ1
黒豆の甘煮…………………………80g

作り方
1. ヨーグルトとはちみつを混ぜ、黒豆をあえる。

らっきょうの
ツナマヨあえ

切って混ぜるだけ。
まさしく「とりあえず」ですね。

材料(2人分)
らっきょう漬け……………………10粒
ツナフレーク(缶詰)………………80g
マヨネーズ……………………大さじ2
ゆずの皮………………………少々

作り方
1. らっきょうは粗みじん切りにし、ツナと混ぜ合わせ、マヨネーズであえる。
2. 器に盛り、せん切りにしたゆずの皮をのせる。

たくわんと
キムチのあえもの

漬物×漬物＝おいしい！
ぜひお試しください。

材料(2人分)
たくわん…………………………40g
キムチ……………………………15g
松の実……………………………小さじ1
糸唐辛子…………………………少々

作り方
1. たくわんは太めのせん切り、キムチはざく切りにし、松の実は空炒りする。
2. 1を混ぜ合わせて器に盛り、糸唐辛子をのせる。

鮭トバと
スライスオニオン

いわゆる乾きものも
そのまま出すんじゃなくて……。

材料（2人分）
玉ねぎ	1/2個
鮭トバ	30g
A　酢	大さじ1
塩	小さじ1/4
粗びき黒こしょう	少々
サラダ油	大さじ2
ディル	適量

作り方
1. 玉ねぎはごく薄くスライスして水にさらし、水気を取る。鮭トバは皮を取って細くさく。
2. Aを混ぜ合わせ、サラダ油を少しずつ混ぜ、1をあえる。器に盛り、ディルを添える。

イカくんとセロリ

イカのくんせいの塩気や風味で、
いい味になります。

材料（2人分）
セロリ	1/4本
セロリの葉	少々
イカのくんせい	15g
A　酢	大さじ1
塩	少々
わさび	少々
サラダ油	大さじ2

作り方
1. セロリはせん切りにして水にさらし、水気を取る。セロリの葉はみじん切りにする。
2. Aを混ぜ合わせ、サラダ油を少しずつ混ぜ、1とイカのくんせいをあえる。

風味数の子

香りがいいものをまぶすだけで
新しいおいしさに！

材料(2人分)

味付き数の子・・・・・・・・・・・・・・・・・100g
白ゴマ・・・・・・・・・・・・・・・・・・・・・・・小さじ1
ゆずの皮・・・・・・・・・・・・・・・・・・・・・・適量
木の芽・・・・・・・・・・・・・・・・・・・・・・・・2枚

作り方

1. 数の子は薄皮を取って食べやすく割る。
2. ゴマは空炒りして刻み、ゆずの皮は粗みじん切りにし、**1**にまぶす。器に盛って木の芽をのせる。

かつお梅

大根やきゅうりのスティックに
つけてもおいしい。

材料(2人分)

梅干し・・・・・・・・・・・・・・・・・・・・・・・・2個
長ねぎ・・・・・・・・・・・・・・・・・・・・・3〜4cm
削り節(細片)・・・・・・・・・・・・・・・・・・2g
サラダ油・・・・・・・・・・・・・・・・・・小さじ1/2
好みの野菜・・・・・・・・・・・・・・・・・・・・適量

作り方

1. 梅干しは種を取って細かくたたき、長ねぎはみじん切りにする。
2. **1**と削り節を合わせ、サラダ油を混ぜる。食べやすく切った野菜(写真はグリーントマトとエシャロット)を添える。

豆腐のバター焼き

ソースのバルサミコ酢が
味の決め手です。

材料（2人分）

豆腐	300g
ベーコン	2枚
小麦粉	適量
サラダ油	適量
バター	15g
A ┌ しょうゆ	小さじ2
｜ バルサミコ酢	小さじ1
└ 粗びき黒こしょう	少々
プリーツレタス	適量

作り方

1. 豆腐は厚さを半分に切って、キッチンペーパーに包み、軽く重しをして水気をきる。ベーコンはフライパンでカリカリになるまで焼き、ハサミで細く切る。
2. 豆腐に薄く小麦粉をつける。
3. フライパンにサラダ油を熱して豆腐を両面焼く。焦げ色がついたらバターを入れてからませ、**A**を加える。
4. 器に盛ってベーコンをのせ、フライパンに残ったソースをかけてプリーツレタスを添える。

おつまみ惣菜

ご飯のおかずと、おつまみの違いってなんでしょう？う〜ん、違いはないと思います。
ボリュームのあるお惣菜をいただきながら、好きなお酒を楽しむ。しあわせな時間ですね。

シャケ大根

ブリ大根をもじって作ってみたら、とてもおいしかった！

材料（4人分）

生鮭の身とアラ	400g
大根	500g
昆布	15cm
水	1と1/2カップ
A みりん	1/4カップ
酒	1/4カップ
しょうゆ	大さじ5
砂糖	大さじ3
ゆで大豆	1/2カップ
しょうが	1片

作り方

1. 鮭は食べやすく切る。
2. 大根は厚さ2cmの半月切りにし、竹串がやっと通るくらいまで下ゆでしておく。
3. 鍋に昆布を敷き、2と分量の水を入れて火にかけ、煮立ったら1とA、大豆を入れて落としぶたをする。途中でアクを取りながら、煮汁がほとんどなくなるまで煮込む。
4. しょうがはせん切りにして、盛りつけた上にのせる。

17

ホッキのエスカルゴ風

お刺身だけでなく、こんな食べ方はいかがですか?

材料(4人分)

ホッキ	4個
にんにく	1片
アンチョビ	1枚
玉ねぎ	30g
パセリ	少々
バター	20g
レモン汁	小さじ1
ゴーダチーズ	40g

作り方

1. ホッキは殻から出し、殻はきれいに洗う。身は厚さを半分にして内臓を取り、そぎ切りにする。
2. にんにく、アンチョビ、玉ねぎ、パセリはみじん切りにする。
3. バターは室温にして軟らかくなるまで練る。レモン汁を混ぜて**2**を加える。
4. 殻にホッキの身を並べ、**3**をのせてチーズをちぎって散らす。
5. 200度のオーブンで、チーズに軽く焦げ色がつくまで焼く。

カキの赤みそ煮

道南の知内町から届いたプリプリのカキをこってりと煮ました。

材料（4人分）

- カキ……………………………300g
- しょうが…………………………1片
- A
  - 赤みそ……………………20g
  - 酒………………………大さじ4
  - しょうゆ…………………大さじ2
  - 砂糖……………………大さじ1
  - みりん……………………大さじ1
- みつば……………………………適量

作り方

1. カキは塩水でふり洗いし、しっかり水気をきっておく。しょうがは薄切りにする。
2. 鍋にしょうがとAを入れて煮立て、カキを入れて中火で焦がさないように煮詰める。
3. 器に盛ってゆでたみつばを添える。

イカのマヨネーズ炒め

マヨネーズ効果でしょうか、
イカが軟らかく仕上がります。

材料(4人分)
イカ……………………………2ハイ
A ┬ マヨネーズ……………大さじ3
　├ しょうゆ………………大さじ1
　├ オイスターソース………大さじ1
　├ ゴマ油…………………小さじ1
　└ 豆板醤…………………小さじ1
グリーンアスパラ……………1束
サラダ油………………………適量
塩・こしょう…………………各少々

作り方
1. イカは内臓を抜き、胴は皮をむいて厚さ1cmの輪切りにし、足は皮をこそげて先端を切り落とし、2～3本ずつに切り分ける。
2. **A**を合わせた中に水気を取った**1**を入れて10分ほどおく。
3. アスパラはハカマを取って斜め切りにする。
4. フライパンにサラダ油を熱し、**3**を炒めて塩・こしょうし、取り出す。その後、**2**を汁ごと入れて炒め、少し焦げ色がついてきたらアスパラを戻して混ぜ合わせる。

みがきニシンの木の芽焼

木の芽の香りがとっても上品で、日本酒が飲みたくなります。

材料（4人分）

生みがきニシン……………………4枚
みりん………………………1/3カップ
しょうゆ……………………1/3カップ
酢……………………………1/3カップ
木の芽………………………………20枚

作り方

1. ニシンはさっと洗い、2つに切る。
2. 小鍋にみりんを入れて火にかけ、煮立ったらしょうゆを加え、さらにひと煮立ちさせて火を止める。粗熱が取れたら酢を加えて冷ます。
3. 深めの器に**1**と木の芽を交互に入れ、**2**を注いで軽い重しをのせ、冷蔵庫で1日漬ける。
4. ニシンに木の芽をつけたまま、グリルで焦げないように弱火で焼く。

サンマのオイスターソース煮

釧路からサンマが届きました。目先を変えて中華風に煮てみました。

材料（4人分）

サンマ	4尾
長ねぎ	1/2本
しょうが	1片
サラダ油	適量
オイスターソース	大さじ2
A 水	1カップ
がらスープの素	大さじ1/2
しょうゆ	大さじ1と1/2
酒	大さじ1と1/2
砂糖	大さじ1
水溶き片栗粉	適量
ししとう	適量

作り方

1. サンマは頭を落として内臓を抜き、洗って3〜4つの筒切りにする。
2. 長ねぎはぶつ切り、しょうがは薄切りにする。
3. フライパンにサラダ油を熱し、**2**を炒め、水気を取った**1**を入れ、やや強火でこんがり焼く。
4. オイスターソースを入れてからめ、**A**を加えて中火にし、ふたをしないで10分ほど煮込む。仕上げに水溶き片栗粉を加えてとろみをつける。
5. 器に盛り、素揚げしたししとうを添える。

ツブと青唐辛子の
スープ煮

**ピリッと辛くて、
海の香りがいっぱいです。**

材料(4人分)

ツブ(灯台ツブ)	12個
にんにく	1片
しょうが	1片
長ねぎ	1/3本
青唐辛子	8本
サラダ油	適量
豆板醤	小さじ1
A 水	2カップ
固形スープの素	1個
B 紹興酒	大さじ2
しょうゆ	大さじ2
オイスターソース	小さじ2
砂糖	小さじ1
塩	少々

作り方

1. ツブは殻をきれいに洗い、5分ほどゆでてざるに上げる。
2. にんにく、しょうがはみじん切り、長ねぎはぶつ切りにする。
3. 青唐辛子は斜め半分に切る。
4. 鍋にサラダ油と豆板醤を入れて火にかけ、あたたまったら**2**を加えて炒め、香りが出たら**3**も炒める。
5. **A**を加え、煮立ったら**B**と**1**を入れ、中火で15分ほど煮込む。

ささみの粒マスタード焼き

ささみなので低カロリー。おしゃれな焼き鳥です。

材料（4人分）

鶏ささみ		4本
A	酒	大さじ1
	塩	少々
B	粒マスタード	小さじ1
	マヨネーズ	大さじ1
	中濃ソース	大さじ1
	豆板醤	少々

作り方

1. ささみは厚さを半分に切って筋を取り、**A**を振る。竹串に刺して、串の出ている部分にアルミホイルを巻く。
2. **B**を合わせて片面に塗り、オーブントースターで焼く。
3. アルミホイルを取って器に盛り、粒マスタード（分量外）を少量のせる。

豚バラ肉じゃが

お酒がどんどん進む韓国風の味つけです。

材料（4人分）

豚バラ肉（かたまり）	300g
にんにく	1片
コチュジャン	大さじ1
じゃがいも	600g
ゴマ油	大さじ1/2
サラダ油	大さじ1/2

A
だし汁	2/3カップ
しょうゆ	大さじ3
酒	大さじ2
砂糖	大さじ2
粉唐辛子	小さじ1/2

そら豆 ……………… 適量

作り方

1. 豚肉はひと口大に切り、すりおろしたにんにくとコチュジャンをもみこむ。じゃがいもは大きめの乱切りにして水にさらし、水気をきる。
2. 鍋にゴマ油とサラダ油を合せて熱し、じゃがいもを炒める。表面が透き通ってきたら、豚肉を加えて表面の色が変わるまで炒める。
3. Aを加えて煮汁がほとんどなくなるまで煮込む。
4. 器に盛ってゆでたそら豆を散らす。

さわやか酢豚

豚肉ときゅうりだけ。このシンプルさがいいんです。

材料（4人分）

- 豚肩ロース肉（かたまり）……300g
- A
  - 酒……………………大さじ1
  - しょうゆ……………大さじ1
  - 塩……………………小さじ1/3
  - こしょう……………少々
- きゅうり……………………1本
- 片栗粉………………………適量
- 揚げ油………………………適量
- B
  - 酢……………………大さじ2
  - りんご酢……………大さじ1
  - 酒……………………大さじ2
  - オイスターソース…大さじ1
  - 砂糖…………………大さじ1/2
  - 塩……………………小さじ1/3
  - しょうが汁…………少々

作り方

1. 豚肉は3〜4cmの角切りにし、所々に切り込みを入れて**A**に15〜20分つけておく。
2. きゅうりは蛇腹に包丁を入れて乱切りにする。
3. **1**の水気を取って片栗粉をつけ、170度の油で揚げる。
4. フライパンに**B**を入れて煮立たせ、**3**を入れて煮汁をからませ、**2**を加えてひと混ぜする。

親子巻き

和風スコッチエッグ？
ちびっ子も好きな味つけです。

材料（4人分）
鶏ひき肉……………………300g
A ┌ 塩………………………小さじ1/2
　├ 酒………………………大さじ1
　└ こしょう・ゴマ油………各少々
玉ねぎ………………………50g
B ┌ 卵………………………1/2個
　└ パン粉…………………1/3カップ
ゆで卵………………………2個
小麦粉………………………適量
サラダ油……………………少々
C ┌ しょうゆ………………大さじ1と1/2
　├ みりん…………………大さじ1
　└ 砂糖……………………小さじ1
玉ねぎ・紫玉ねぎ……………各適量

作り方
1. 鶏ひき肉は**A**を混ぜてよく練る。
2. 玉ねぎはすりおろして**B**とともに**1**に加え、さらに練り混ぜる。
3. ゆで卵は縦4つに切り、白身の部分に小麦粉を薄くつける。
4. ラップを広げて**1**の半量を20×15cmくらいにのばし、**3**を4切れ、端が少し重なるように並べ、ラップを持ち上げて巻く。同じようにもう1本巻く。
5. 蒸気の上がった蒸し器に入れて強火で13〜15分蒸す。粗熱がとれたらラップをはがす。
6. フライパンにサラダ油を熱し、**5**を入れてころがしながら焼き色をつけ、**C**を加えて全体にからめる。
7. 食べやすい大きさに切り、せん切りにした玉ねぎ、紫玉ねぎとともに器に盛る。

軟骨入りつくね

**コリコリの食感をプラス。
卵黄をつけてどうぞ。**

材料（4人分）

鶏ひき肉		400g
A	塩	小さじ2/3
	しょうゆ	小さじ2
	酒	大さじ2
軟骨		50g
しょうが		1片
長ねぎ		1/2本
サラダ油		適量
B	しょうゆ	大さじ2
	みりん	大さじ2
	砂糖	小さじ2
	水	大さじ4
けしの実		少々
卵黄		2個
オクラ		4本

作り方

1. 鶏ひき肉に**A**を加え、よく練る。
2. 軟骨、しょうが、長ねぎはみじん切りにし、**1**に混ぜて食べやすい大きさにまるめる。
3. フライパンにサラダ油を熱し、**2**の両面を焼き、**B**を入れて全体にからめる。
4. けしの実をふって器に盛り、卵黄とゆでたオクラを添える。

牛肉の甘辛炒め

和風ですが、隠し味にバターを使ってコクを出しました。

材料（4人分）

- 牛もも肉……………………200g
- バター………………………10g
- なめたけの瓶詰め……………1/2瓶
- A [しょうゆ……………………大さじ1
-   みりん………………………小さじ2]
- 粉唐辛子……………………小さじ1/2

作り方

1. 牛肉はひと口大に切る。
2. フライパンにバターを溶かし、1を炒める。肉の色が半分くらい変わってきたら、なめたけとA、粉唐辛子を加え、汁気がなくなるまで炒める。

鶏肉のマーマレード照り焼き

このツヤツヤはマーマレードのおかげです。

材料(4人分)

鶏むね肉	1枚
長ねぎ	1/3本
しょうが	1片
A 酒	大さじ1
A 塩	少々
B マーマレード	大さじ2
B しょうゆ	大さじ2
B 粗びき黒こしょう	少々
サラダ油	少々
ブロッコリー	適量

作り方

1. 鶏肉は皮面をフォークで何カ所かつついておく。長ねぎはぶつ切り、しょうがは薄切りにする。
2. 器に**1**を入れ、**A**をかけて蒸し器に入れ、強火で15〜20分蒸し、そのまま冷ます。
3. **2**を4つにそぎ切りし、**B**に10〜15分つけておく。
4. フライパンにサラダ油を熱して**3**を焼き、仕上げに**3**のつけ汁を入れてからめる。
5. 食べやすい大きさに切って器に盛り、ゆでたブロッコリーを添える。

揚げ豚と大根のマリネ

和のハーブをたっぷり使ってさわやかな味に。

材料(4人分)

- 豚薄切り肉……200g
- A
  - しょうゆ……大さじ1
  - 酒……大さじ1
  - みりん……大さじ1
- 小麦粉……適量
- 揚げ油……適量
- 大根……250g
- 塩……適量
- 青じそ……10枚
- みょうが……4個
- しょうが……1片
- 長ねぎ……1/2本
- B
  - オリーブ油……大さじ4
  - 白ワインビネガー……大さじ2
  - 塩……小さじ1/2
  - こしょう……少々

作り方

1. 豚肉はひと口大に切り、**A**につけて10分ほどおく。
2. 大根は厚さ5mmのいちょう切りにする。塩を振ってもみ、しんなりしたら水洗いしてきっちり水気を絞る。
3. 青じそはせん切りにする。みょうが、しょうが、長ねぎもせん切りにし、水にさらして、水気をきっておく。
4. **1**に薄く小麦粉をつけ、180度の油で1～2分揚げる。
5. **B**を合わせた中に**2**と揚げたての**4**をつけ、ラップをかけて30分ほどおき、器に盛って**3**を散らす。

おつまみ惣菜

麻婆こんにゃく

脇役になりがちな
こんにゃくを主役にしてみました。

材料(4人分)
こんにゃく	1枚
にんにく	1片
しょうが	1片
長ねぎ	1/2本
サラダ油	適量
ゴマ油	適量
豆板醤	小さじ1/2
豚ひき肉	50g
A [八丁みそ	20g
酒	大さじ1
砂糖	大さじ1/2
水]	1/4カップ
水溶き片栗粉	適量
枝豆	適量

作り方
1. こんにゃくは手で小さくちぎり、2～3分下ゆでし、水気をきって空炒りする。
2. にんにく、しょうが、長ねぎはみじん切りにする。
3. フライパンにサラダ油とごま油を熱し、**2**を炒めて豆板醤を加え、ひき肉を入れて炒める。
4. ひき肉の色が変わったら**1**を入れ、**A**を加えて煮汁が少し残るくらいまで煮る。仕上げに水溶き片栗粉でとろみをつけ、ゆでてさやから出した枝豆を散らす。

鶏肉のみそマヨ焼き

マヨネーズとみその
相性のよさを再発見しますよ。

材料(4人分)
鶏むね肉	2枚
塩・こしょう	各少々
強力粉	適量
サラダ油	適量
玉ねぎ	1/4個
パセリ	1本
らっきょう漬け	5～6粒
A [マヨネーズ	1/2カップ
みそ]	大さじ1

作り方
1. 鶏肉は厚い部分は開き、塩・こしょうして薄く強力粉をまぶす。
2. フライパンにサラダ油を熱し、皮の方を下にして**1**を入れ、ときどき押し付けながら両面をパリっと焼く。
3. 玉ねぎ、パセリ、らっきょうはみじん切りにし、混ぜた**A**に加える。
4. **2**の粗熱がとれたら食べやすい大きさに切り、**3**をのせる。オーブントースターで軽く焦げ色がつくまで焼く(天板を使うか網にアルミ箔を敷く)。

さつまいものレモン煮

レモンの酸味で
さつまいもが軽い味わいになります。

材料(4人分)
さつまいも	300g
レモンの輪切り	3枚
A [水	大さじ2
砂糖	大さじ1
レモン汁	小さじ2
バター	15g
塩]	少々
ミント	適量

作り方
1. さつまいもはきれいに洗い、皮をつけたまま厚さ1cmの輪切りにし、水にさらす。
2. 小さめの鍋に水気をきった**1**を入れ、レモンの輪切りと**A**を加え、落としぶたをして軟らかくなるまで煮る。
3. 器に盛ってミントを添える。

豚ひき肉のレンゲ蒸し

小鉢でもいいのですが、
お客様のときはぜひレンゲで。

材料（5個分）

豚ひき肉	200g
A しょうゆ	小さじ1
塩	小さじ1/2
砂糖	小さじ1/3
こしょう	少々
にんじん	30g
れんこん	100g
干ししいたけ	3枚
長ねぎ	1/3本
しょうが	1片
B 卵	1/2個
片栗粉	小さじ2
ゆり根	8枚
片栗粉	少々
C だし汁	1カップ
酒	小さじ2
しょうゆ	小さじ1
塩	小さじ1/2
水溶き片栗粉	適量
ディル	適量

作り方

1. 豚ひき肉は**A**を混ぜて練る。
2. にんじん、れんこん、戻したしいたけは粗みじん切りにする。長ねぎとしょうがはみじん切りにする。
3. **1**に**2**と**B**を混ぜ、サラダ油（分量外）を薄く塗ったレンゲに形よくのせ、ゆり根に片栗粉をつけてのせる。
4. 蒸し器に並べて8〜10分ほど蒸す。
5. **C**を煮立てて水溶き片栗粉でとろみをつけ、蒸し上がった**4**にかけ、ディルをのせる。

イカとセロリの蒸し餃子

黒酢を少したらして食べるのがオススメです。

材料（16個分）

- イカ（胴のみ）……………1パイ分
- たけのこ水煮…………………50g
- 生しいたけ……………………2枚
- セロリ………………………1/2本
- サラダ油………………………少々
- A
  - 酒………………………大さじ1
  - 砂糖……………………小さじ1
  - ゴマ油…………………小さじ1
  - 塩……………………小さじ2/3
  - こしょう………………………少々
- B
  - がらスープの素………小さじ1/3
  - 水……………………1/4カップ
- 水溶き片栗粉…………………適量
- セロリの葉のみじん切り………適量
- 餃子の皮（大）………………16枚

作り方

1. イカは皮をむき、しいたけは石づきを取り、たけのこ、セロリとともに5mmの角切りにする。
2. フライパンにサラダ油を熱してイカ、しいたけ、たのこを炒め、火が通ったらセロリを入れ、Aを加える。
3. Bを入れてひと煮立ちさせ、水溶き片栗粉できつめにとろみをつけ、セロリの葉を加えて冷ます。
4. 餃子の皮で3を包み、皮が透き通るまで蒸す。

メークインとセロリのサラダ

じゃがいもは必ずメークインで、ゆで時間は45秒きっかり！

材料（4人分）

じゃがいも（メークイン）……………3個
塩………………………………………適量
セロリ………………………………1/3本
A ┌ サラダ油…………………………大さじ3
　│ 酢…………………………………大さじ2
　│ ゴマ油…………………………小さじ1/2
　└ 塩…………………………………少々
粉さんしょう…………………………少々

作り方

1. じゃがいもは皮をむいてごく細いせん切りにし、水にさらして水気をきる。
2. 沸騰した湯に塩を加えて**1**を入れ、45秒ゆでてざるに上げ、水洗いして水気を取る。
3. セロリは筋を取ってごく細いせん切りにし、水にさらして水気を取る。
4. 合わせた**A**で**2**と**3**をあえ、器に盛って粉さんしょうを振る。

ささがきごぼうのサラダ

ごぼうをしょうゆ味で下煮し、しょうが入りマヨネーズで仕上げました。

材料(4人分)
- ごぼう……………………………1本
- A
  - しょうゆ……………………小さじ1
  - みりん………………………小さじ1
  - だし汁………………………1/2カップ
- セロリ……………………………1/2本
- みつば……………………………5～6本
- 生ハム……………………………8枚
- しょうが…………………………1片
- B
  - マヨネーズ…………………大さじ4
  - 酢……………………………小さじ2

作り方
1. ゴボウはささがきにして水にさらし、水気をきって鍋に入れ、**A**を加えて煮汁がなくなるまで煮る。
2. セロリは長さ4～5cmのせん切りにする。みつばはさっとゆでて4～5cmに切る。生ハムは細切りにする。
3. しょうがはすりおろす。
4. ボウルに**B**と**3**を入れて混ぜ、**1**と**2**をあえる。

揚げれんこんとジャコのサラダ

素材を揚げていますが、しそのおかげでしつこくありません。

材料（4人分）

れんこん	120g
強力粉	適量
揚げ油	適量
赤パプリカ・黄パプリカ	各1/4個
しめじ	1/2パック
ジャコ	30g
青じそ	6枚
A　酢	大さじ2
しょうゆ	小さじ1
塩・こしょう	各少々
サラダ油	大さじ4

作り方

1. れんこんは皮をむいて薄い輪切りにし、パプリカは幅1cmの細切りにし、しめじは小房に分ける。
2. 170度の油でパプリカとしめじをそれぞれ1～2分素揚げし、そのあとの油を180度にし、強力粉を薄く付けたれんこんをカリッとするまで3～4分揚げる。
3. ジャコはフライパンで空炒りし、カリカリにする。青じそはみじん切りにする。
4. ボウルに**A**を入れて混ぜ、サラダ油を少しずつ加えて**2**と**3**をあえる。

切り干し大根のサラダ

切り干し大根は電子レンジで戻すと簡単です。

材料（4人分）

- 切り干し大根……………………50g
- きゅうり……………………………1本
- 油揚げ（薄いもの）………………1枚
- しょうゆ……………………………少々
- A
  - 酢……………………………大さじ2
  - しょうゆ……………………小さじ2
  - ゆずこしょう………………小さじ1/2
- サラダ油…………………………大さじ1

作り方

1. 切り干し大根は耐熱ガラスのボウルに入れて水をたっぷり加え、ラップをかけずに電子レンジで2分加熱する。水洗いして水気を絞る。
2. きゅうりは短冊切りにする。
3. 油揚げはしょうゆを塗りながらフライパンで両面を焼き、短冊切りにする。
4. ボウルにAを入れて混ぜ、サラダ油を少しずつ加え、**1**、**2**、**3**をあえる。

なすの香り炒め

なすは切ったはしから揚げていくとアク抜き不要です。

材料（4人分）

- なす……………………………4個
- 揚げ油…………………………適量
- ザーサイ………………………20g
- 干しエビ………………………15g
- 長ねぎ…………………………1/2本
- しょうが………………………1片
- サラダ油………………………適量
- 豆板醤…………………小さじ1弱

A
- しょうゆ……………………大さじ1
- 酒……………………………大さじ1
- みりん………………………小さじ2
- こしょう………………………少々

- ゴマ油…………………………適量

作り方

1. なすは長めの乱切りにし、油で素揚げする。
2. 干しエビは戻してみじん切り、ザーサイは軽く水洗いしてみじん切り、長ねぎとしょうがもみじん切りにする。
3. フライパンにサラダ油を熱して干しエビを炒め、豆板醤を加えて、ザーサイ、長ねぎ、しょうが、1を入れてさっと炒める。
4. Aを入れてからめ、仕上げにゴマ油を回し入れる。

大根と干し貝柱の煮もの

貝柱のだしがじんわりしみた優しい煮ものです。

材料（4人分）

- 干し貝柱……………………40g
- 水……………………………4カップ
- 大根…………………………1/3本
- A ┌ 酒……………………大さじ2
　　└ 塩……………………小さじ2/3
- 水溶き片栗粉………………適量
- クコの実……………………適量
- 大根の葉……………………適量

作り方

1. 貝柱は鍋に入れ、分量の水を加えて3～4時間おく。
2. 大根は縦4つに切って軽く面取りし、**1**に入れて火にかける。すっかり軟らかくなるまで20～25分ほど煮込む。
3. **A**を加えて少し煮込み、煮汁に水溶き片栗粉でゆるくとろみをつける。
4. 器に盛り、ぬるま湯で戻したクコ、ゆでてみじん切りにした大根の葉を散らす。

にんじんタラコ

にんじん嫌いの人も、おいしいと言ってくれました。

材料（4人分）

にんじん	200g
タラコ	100g
にら	50g
サラダ油	少々
酒	大さじ1
塩	少々

作り方

1. にんじんは太めのせん切りにする。タラコは薄皮から出しておく。にらは3〜4cmに切る。
2. フライパンにサラダ油を熱してにんじんを炒め、しんなりしてきたらタラコを加えて炒める。
3. タラコの色が変わったらにらを加え、酒と塩で味を調える。

ごぼうのペペロンチーノ

にんにくと唐辛子の量を調整してお好みの味に。

材料（4人分）

ごぼう（中）	1本
赤パプリカ	1/2個
黄パプリカ	1/2個
アンチョビ	2枚
にんにく	1〜2片
赤唐辛子	1本
オリーブ油	適量
A [白ワイン	大さじ1
水	大さじ2
塩	少々
イタリアンパセリ	適量

作り方

1. ごぼうは皮をこそげ落とし、細長い乱切りにして水にさらす。パプリカは太めのせん切り、アンチョビはみじん切りにする。
2. にんにくはみじん切り、赤唐辛子は小口切りにする。
3. フライパンにオリーブ油を熱し、パプリカを炒めて取り出す。オリーブ油を少し足して**2**を入れ、香りが出たらアンチョビと水気をふき取ったごぼうを入れ、じっくり炒める。
4. **A**を加え、ごぼうが軟らかくなってきたら塩で味を調え、パプリカを戻す。器に盛ってイタリアンパセリを添える。

トマトとズッキーニの肉包みフライ

トマトはかじると熱い果汁が出るのでご注意を。
ズッキーニは半分に切って揚げてもOKです。

材料(4人分)

◎**トマト**

ミディトマト	12個
小麦粉	適量
豚しゃぶしゃぶ用肉	250グラ
パン粉	適量

◎**ズッキーニ**

ズッキーニ	1本
豚しゃぶしゃぶ用肉	150グラ
A { 生パン粉	1カップ
粉チーズ	大さじ2
パセリのみじん切り	大さじ1
ナツメッグ	少々
粗びき黒こしょう	少々

◎**共通**

塩・こしょう	各少々
小麦粉	適量
溶き卵	適量
揚げ油	適量

作り方

◎**トマト**

1. トマトは全体に薄く小麦粉をつける。豚肉に塩・こしょうし、トマトを包む。
2. 小麦粉、溶き卵、パン粉の順に衣をつけ、180度の油で揚げる。

◎**ズッキーニ**

1. ズッキーニは縦4〜6つに切る。豚肉に塩・こしょうし、ズッキーニに巻きつける。
2. 小麦粉、溶き卵をつけ、混ぜ合わせたAを押しつけるようにしながらつけ、180度の油で揚げる。

45

ゆで卵のあつあつソース

おつまみにゆで卵って、意外とおいしいんです。

材料(4人分)
- 干ししいたけ……2枚
- 長ねぎ……1/3本
- にんにく……1片
- ゴマ油……大さじ1
- A
  - 豆板醤……小さじ1
  - しょうゆ……大さじ1
  - みりん……小さじ2
  - 酢……小さじ2
- ゆで卵(半熟)……4個
- 糸唐辛子……少々

作り方
1. しいたけは戻してみじん切りにする。長ねぎ、にんにくもみじん切りにする。
2. フライパンにゴマ油を熱し、弱火で1を炒め、Aを入れて軽く煮立てる。
3. ゆで卵は縦4つに切って器に盛り、あつあつの2をかけて糸唐辛子を散らす。

長いものさんしょうあえ

1年中手に入る便利な長いもを香りゆたかなあえものに。

材料(4人分)
- 長いも……150g
- 酢……少々
- 鶏ささみ……4本
- A 塩・酒……各少々
- 水菜……30g
- 長ねぎ……1/3本
- しょうが……1片
- B
  - しょうゆ……大さじ2
  - 酢……大さじ1
  - 砂糖……小さじ2
  - ゴマ油……小さじ2
  - 粉さんしょう 小さじ1/4

作り方
1. 長いもは長さ5cmのせん切りにし、酢を振っておく。
2. 鶏ささみは筋を取り、皿に入れてAを振り、ラップをかけて電子レンジで2～3分加熱し、粗熱が取れたらさいておく。
3. 水菜は長さ4～5cmに切り、長ねぎとしょうがはせん切りにする。
4. 合わせたBで1、2、3をあえる。

イワシ入り卵焼き

イワシが入ると、卵焼きのおつまみ度がアップします。

材料（4人分）

イワシ	1尾
酒	少々
しょうゆ	小さじ1〜2
しょうが	1片
小ねぎ	2〜3本
卵	4個
A　だし汁	大さじ2
酒	大さじ1
塩	小さじ1/2
サラダ油	適量

作り方

1. イワシは頭をとって内臓を抜き、酒を振って3分くらいおく。グリルで焼いて小骨を取り、ほぐしてしょうゆを振りかけておく。
2. しょうがはみじん切り、小ねぎは小口切りにする。
3. 卵は溶きほぐして**A**を混ぜ、**1**と**2**を加える。
4. 卵焼き器にサラダ油をなじませ、厚焼き卵の要領で焼く。

土佐豆腐

日本人のDNAが納得する味！料理教室でも人気です。

材料（4人分）

豆腐	300g
削り節	20g
A　水	3/4カップ
しょうゆ	大さじ3
みりん	大さじ2
削り節	10g
片栗粉	適量
卵	1個
揚げ油	適量

作り方

1. 豆腐は厚さを半分にしてキッチンペーパーに包み、重しをして水気をきる。削り節は粗くもんでおく。
2. 鍋にAを入れて火にかけ、煮立ったら弱火にし、1〜2分煮てこす。
3. 豆腐を食べやすく切り、片栗粉、溶き卵、削り節の順につけ、180度の油で揚げる。
4. 器に3を盛り、2をつけて食べる。

クーブイリチー
沖縄で教わった作り方です。こうすると、なぜかおいしい！

材料（4人分）

- 豚バラ肉（かたまり）……………100g
- 乾燥細切り昆布……………………35g
- こんにゃく…………………………1/2枚
- サラダ油……………………………大さじ2
- A [しょうゆ……………………………大さじ2
    泡盛・砂糖…………………………各大さじ1]
- B [だし汁………………………………1カップ
    豚肉のゆで汁………………………1カップ]
- みりん………………………………大さじ1/2

作り方

1. 鍋に豚肉とたっぷりの水を入れて火にかけ、浮いてきたアクや脂をすくいながら20〜30分煮る。
2. そのまま冷まし、肉は取り出して細切りにし、ゆで汁を1カップとっておく。
3. 昆布は水で戻して水気をきる。こんにゃくは細切りにする。
4. 鍋にサラダ油の半量を熱し、合わせておいたAを入れて煮立たせ、豚肉とこんにゃくを加える。味がなじんだら穴あきお玉で取り出す。
5. 残りのサラダ油を足して昆布を入れ、Bを2〜3回に分けて入れる。昆布が軟らかくなったらみりんを加え、4を戻して汁気がなくなるまで炒り煮する。

春雨とエビの炒め煮

しっかり旨味を吸った春雨が、おいしいおつまみに。

材料（4人分）

春雨	50g
エビ	150g
にんじん	200g
しょうが	1片
サラダ油	適量
豆板醤	小さじ1
A　がらスープの素	小さじ1
水	1カップ
B　しょうゆ	大さじ2
酒	大さじ1と1/2
砂糖	小さじ1
ゴマ油	少々
チンゲンサイ	適量

作り方

1. 春雨は硬めに戻し、長さ5〜6cmに切り、水気をきっておく。
2. エビは殻をむき、背ワタを取る。にんじんは4〜5cm長さの細切り、しょうがはみじん切りにする。
3. フライパンにサラダ油と豆板醤を入れて火にかけ、あたたまったらしょうがとエビを入れて炒める。エビの色が変わってきたらにんじんを加えてさらに炒める。
4. **A**を入れ、煮立ったら**B**を加えて少し煮込み、煮汁が半分くらいになったら**1**を入れて炒り煮する。煮汁がなくなったらゴマ油を回し入れる。
5. 器に盛り、ゆでたチンゲンサイを添える。

黒豆コロッケ

中はちょっと驚く色合い？
そしてバジルが香る大人の味。

材料（4人分）

黒豆（乾燥）	1/2カップ
玉ねぎ	1/3個
ベーコン	3枚
サラダ油	小さじ2
ホールコーン	1/3カップ
バジルの葉	3~4枚
A 塩	小さじ1/2
こしょう	少々
小麦粉	適量
溶き卵	適量
パン粉	適量
揚げ油	適量

作り方

1. 黒豆は水洗いしてたっぷりの水につけ、一晩おく。
2. つけ汁のまま火にかけ、軟らかくなるまでじっくり煮る。ざるに上げて水気をきり、熱いうちに、すりこぎでざっくりつぶす。
3. 玉ねぎとベーコンはみじん切りにし、サラダ油で炒める。
4. 2と3、水気をきったホールコーン、ちぎったバジルを混ぜ合わせ、まるめる。
5. 4に小麦粉、溶き卵、パン粉の順に衣をつけ、180度の油で揚げる。

SHINOBU HASHIMOTO × AKIKO SHOJI

あの人の器で、もっとおいしく

　料理はおいしければいい！ ごもっともですが、気持ちよく食べられたり、その料理を囲む時間が楽しくなったりすることも、おいしさの要素だと思います。その立て役者はなんといっても器です。料理家としてちょっと言いにくいですが、器には大変助けられています。

　特に撮影の場合は、味や匂いを直接伝えることができないので、器の力に頼ることが多くなります。撮影のときは、たいていスタイリストさんが器を用意してくれます。私は料理のイメージを伝えるだけです。そんな中で何度か気になる器に出会いました。聞くと、それらは橋本忍さんという作家のものでした。がぜん興味が湧いてきて、さっそく訪ねてみました。今回の本で、橋本さんが器をつくって、私がその器にのせる料理をつくるという企画はできないかと思ったのです。

　「僕、コラボ、大好きですから。やってみましょう」

　快いお返事をいただきました。だいたいのイメージを伝えるだけで、細かい打ち合せもせずに月日は流れ……。

　再び橋本さんを訪ねる日がやってきました。橋本さんの作品発表です。

　「どうですか、これウインドウズ。それと黒い台」

　ウインドウズと呼んでいるのは、パソコンに付いているあのマークに似ているからだとか。彼のこれまでの作品とは趣が違います。渋いニュアンスのある茶色に、何カ所か浅いくぼみと、小さな深いくぼみ。うーん、こう来たか！ 酒肴の盛り合わせでは芸がないし、どうしよう……。

　黒い台の方は、私のイメージに近い感じ。何かをはみ出させて盛りたい！ とイメージがふくらみます。

もうひとつ、以前から気になっていた輝（ひび）化粧というシリーズのお皿。この質感がなんともいえず、形も帽子をひっくり返したようで素敵です。これも使わせてもらうことにしました。

それにしても、この本のために、私のために（！）新作をつくってもらえるとは、何と贅沢なことでしょう。絶対コラボを成功させなくちゃ！！

そして2日後、いよいよあの器に料理を盛り、撮影する日。私側の発表の日です。橋本さんも立会いのため、スタジオにやってきました。

まずは、輝化粧の皿に韓国風のサラダを盛って、軽いジョブ。こういう器は、普通の料理が素敵に見えるっていうことを証明したかったんです。

黒い台には「どうやって食べるの？」という声が聞こえてきそうな、バケット1本サンドイッチ！橋本さん「面白いです、面白すぎます。好きだなー、こういう感覚」。

水菜とかぼちゃの韓国風サラダ ▲
水菜とせん切りかぼちゃ（生のまま）、白髪ねぎに、ゴマ油、酢、白すりゴマ、粉唐辛子、にんにくのすりおろしを合わせたソースで。

食べにくい（？）サンドイッチ ▼
バケットに切り目を入れてマヨネーズとトマトピューレを合わせたものを塗ります。右から、揚げたなすとエンダイブ、マカロニと豆のサラダをチコリにのせたもの、生ハム、ピーラーで薄く切ったきゅうりとラディッシュ、缶詰のホワイトアスパラをはさみました。実際には端まで具をはさんで、パンの部分で切り分けてはいかがでしょう。最初からスライスしたパンにのせても、もちろんOK。

ウインドウズには、お酒を飲みながら楽しめる和食のフルコース料理にしました。前菜、お造り、メイン、ごはん、汁、そしてデザートを、くぼみに合わせてちまちまと盛りつけると松花堂弁当のようにも見えます。橋本さんは「こう来ましたか！なーるほど。やられたって感じですね」と。

　「こう来たか」で始まり、「こう来たか」で終わった今回のコラボ。大成功！！かな？

　器が先にあるという、いつもとは逆の順番でメニューを考えるのは思ったより大変でした。また、作家の前で盛り付けるという緊張した時間でしたが、とても楽しかった。そしてとても勉強になりました。

お酒を楽しむ小さな会席

- いちじくのマスカルポーネ白あえ／マスカルポーネチーズとしっかり水きりした豆腐を同量で合わせ、塩、こしょう、はちみつで味つけし、くし形に切ったいちじくに。
- イカの細造り・つぶつぶソース／イカはなるべく細く切り、塩とゆずの果汁少々であえ、トビッコととんぶりをのせました。食感が楽しい。
- さんしょう風味のステーキ／牛肉は好みの加減に焼いて食べやすく切ります。ソースは、肉を焼いたフライパンにしょうゆ、みりん、粗びきのさんしょうを入れて煮詰めたものです。
- 彩りごはん／しょうゆ、酒、塩で薄味をつけた米を、しめじ、にんじん、ぎんなんとともに炊き、ゆでてみじん切りにした春菊を混ぜました。
- しじみのみそ汁／説明するまでもなく、お酒にはしじみ！
- あんず大福／セミドライのあんず（アプリコット）を白あんで包み、白玉粉と水、砂糖を混ぜ、電子レンジで加熱して練った求肥生地で包みます。生のぶどうや柿でもおいしいです。

しばし器談義

食という共通項で陶芸家と料理家は似ているかもしれない……そう思い、橋本さんにいろいろと質問をぶつけてみました。

橋本 忍
1969年、東京生まれ。10歳から家族と北海道に移り住む。この道に入ったのは30代になってからで、2003年に工房&ギャラリー「十石・TENSTONE」をオープン。粉引きと鉄釉を中心に現代のライフスタイルに合う和食器を制作している。「十石」での展示会を中心に、全国の百貨店やギャラリーで個展「Hashimoto Shinobu Style」を展開。「札幌スタイル」(北の都市にふさわしい製品の開発をバックアップする札幌市の事業)に、「小雪・Koyuki」が認証されている。

十石・TEN STONE
札幌市中央区南3条西8丁目島屋ビル2F
TEL & FAX 011-261-6921
http://tenstone.tn.st

私 器をつくるときは料理を意識しているんでしょうか。

橋本 具体的ではないんですけど、食べ物が盛られる器というのが基本ですから。自分で料理しないし、実は料理のことはあまり詳しくないんです。コンビニのおかずをのせても、おいしく見えたらいいなと思ってつくっています。

私 なるほど、気持ち次第ですよね。それで、制作する際に心がけていることってありますか。

橋本 好奇心かなー。焼きもの以外から、ヒントをもらうことが多いですから、とにかくいろんなモノやコトに興味を持とうと思っています。ムダになるものはひとつもないですよね。

私 そうですね。ところで、白っぽい器と黒っぽい器が多いんですが……。

橋本 どんな料理にも使いやすいかと思って。それにいろいろな種類に広げると大変ですからね。白と黒で同じように見えるかもしれませんが、これでも少しずつレシピは変わってきているんですよ。試作に時間がかかるんです。焼き上がるまでわからないから、何度もやり直しして。この輝化粧もやっと納得できるものになりました。

私 器もレシピって言うんですね。料理みたいで親しみがわきます。それで、これからの目標があったら教えてください。

橋本 まず基本がしっかりできるようになりたい。その上でラインと質感を大切にした器づくりができたらいいです。

私 料理も一緒かなー、基本がしっかりしていれば、アレンジも自由にできるようになりますものね。お互い頑張りましょう!

フィンガーフード

スペインのピンチョスに出会って以来、ピックを刺したり、
手でつまんだりできるものが大好きになりました。
文字通りおつまみ?! たくさん人が集まって飲むときにオススメです。

マグロのカナッペ
マグロが別の食材に見えませんか？

材料（4人分）
マグロ……………………300g
サラダ油…………………少々
A ┌ アボカド……………1/2コ
　├ レモン汁……………少々
　└ わさび………………小さじ1/2
B ┌ マヨネーズ…………大さじ1
　└ ゆずこしょう………小さじ1
C ┌ 赤みそ………………大さじ1
　└ バルサミコ酢………小さじ2
D ┌ おろしにんにく……小さじ2
　└ ディル………………少々
しょうゆ…………………適量

作り方
1. マグロは2センチ角の棒状に切り、表面を焼いてすぐ氷水につけて冷やし、水気をふいておく。
2. **A**のアボカドは皮をむいてレモン汁をかけてつぶし、わさびを混ぜる。**B**と**C**はそれぞれよく混ぜる。**D**のにんにくにちぎったディルを混ぜる。
3. **1**を厚さ2cmに切り、切り口を上にして並べ、しょうゆを刷毛で塗って10分ほどおく。
4. **3**を裏返して器に並べ、**2**の**A**、**B**、**C**、**D**をのせる。

餃子の皮のピザ風

簡単に作れてパリパリっとおいしい。
お好きな具材でぜひ！

材料（3種×各4枚分）
◎ブルーチーズとくるみ

くるみ	20g
ブルーチーズ	20g
ルッコラ	4枚

◎モッツァレラチーズとカルパス

カルパス	40g
ピーマン	1個
モッツァレラチーズ	40g

◎カチョカバロチーズと
　オイルサーディン

オイルサーディン	4枚
カチョカバロチーズ	60g
オリーブ（黒、緑）	各1個

◎共通

餃子の皮	12枚
オリーブ油	適量

作り方

1. クルミは粗く刻み、ブルーチーズは粗くほぐし、餃子の皮にのせる。
2. カルパスは薄い輪切り、ピーマンは種を取って輪切りにする。餃子の皮にのせ、モッツアレラチーズをちぎって散らす。
3. オイルサーディンは油をきって開き、チーズは薄切り、オリーブは輪切りにし、餃子の皮にのせる。
4. オーブントースターで2、3分焼き、仕上げにオリーブ油を振る。1はルッコラをのせる。

キャベツのロールサラダ

大好きな巻きもの。エスニックなたれが合います。

材料(2人分)

キャベツ(大きい葉)	2枚
牛しゃぶしゃぶ用肉	100g
塩・こしょう	各少々
サラダ油	少々
きゅうり	1/2本
小ねぎ	6本
青じそ	4枚
A [ナンプラー	大さじ1/2
しょうゆ	大さじ1/2
レモン汁	小さじ1/2
砂糖	小さじ1/2
赤唐辛子(みじん切り)	少々

作り方

1. キャベツは芯の部分をそぎ、しんなりするまでゆでて冷ます。
2. フライパンにサラダ油を熱し、塩・こしょうした牛肉を広げて両面を焼く。
3. きゅうりは細切りにし、小ネギは4、5cmに切る。
4. 1を広げて青じそをのせ、2を広げてのせ、3を芯にして巻き、ラップで包んで落ち着かせる。
5. 食べやすく切り分け、混ぜたAをつけて食べる。

60　フィンガーフード

きゅうりのボート
サルサをのせてピリ辛に。ハラペーニョは青唐辛子に代えてもOK。

材料(2人分)
- ミニきゅうり……2本
- トマト……1/4個
- 玉ねぎ……1/8個
- 香菜……1枝
- にんにく……1片
- ハラペーニョ……少々
- A
  - オリーブ油……大さじ1
  - ライムの搾り汁……小さじ2
  - 塩……少々

作り方
1. ミニきゅうりは縦半分に切り、種の部分をくり抜いておく。
2. トマトは粗みじん切り、玉ねぎ、香菜、にんにく、ハラペーニョはみじん切りにする。
3. 2をAであえ、1にのせる。

しいたけのスペイン風詰めもの
スペインではマッシュルームに詰めます。

材料(2人分)
- 生しいたけ……4枚
- にんにく……1片
- 生ハム……2枚
- パセリ……1本
- 塩・こしょう……各少々
- オリーブ油……適量

作り方
1. しいたけは軸を取り、軸は石づきを取ってみじん切りにする。
2. にんにく、生ハム、パセリはみじん切りにする。
3. 2としいたけの軸を合わせて塩・こしょうし、しいたけの傘につめてオリーブ油をたらし、オーブントースターで4～5分焼く。

オイルサーディンの小さなサンドイッチ
オイルサーディンは便利素材のひとつ。小さく切っておつまみっぽく。

材料(2人分)
- オイルサーディン……1/2缶
- 玉ねぎのみじん切り……大さじ1
- 塩・こしょう……各少々
- サンドイッチ用パン……4枚
- 青じそ……8枚

作り方
1. オイルサーディンはペースト状になるまでたたき、玉ねぎを加え、塩・こしょうする。
2. パンは軽くトーストし、青じそをしいて1をのせ、サンドする。小さく切り分ける。

りんごのシガー春巻き

甘酸っぱいデザート感覚の春巻き。ワインに合います。

材料（12本分）

春巻きの皮	4枚
りんご	1/2個
レモン汁	少々
黒砂糖（粉末）	大さじ2
バター	10g
水溶き小麦粉	適量
揚げ油	適量

作り方

1. りんごは皮をむいて芯を取り、太めのせん切りにしてレモン汁を振っておく。
2. 春巻きの皮は1/3に切り、**1**と黒砂糖、ちぎったバターをおいてきっちり包み、水溶き小麦粉をつけて閉じ、180度の油で揚げる。

魚介のフリット

ふんわり軽い衣で新鮮な魚介を包みました。

材料（4人分）

エビ	4尾
イカ	1パイ
ホタテ貝柱	4個
塩・こしょう	各少々
卵	1個
牛乳	大さじ2
小麦粉	100g
ベーキングパウダー	小さじ1/2
揚げ油	各適量
レモンまたはライム	適量
塩	適量

作り方

1. エビは尾を残して殻をむき、背ワタを取る。イカは皮をむいて胴は輪切り、足は先端を切り落として2～3本ずつに切り分ける。それぞれ水気を取り、塩・こしょうする。
2. 卵は卵白と卵黄に分け、卵白はツノが出るまで泡立て、卵黄と牛乳を加える。
3. 小麦粉とベーキングパウダーを合わせてふるい、2に入れてさっくり混ぜる。
4. 1に薄く小麦粉（分量外）をつけ、3の衣をつけて180度の油で揚げる。
5. レモンやライムを搾り、塩をつけて食べる。

鶏肉のチューリップ揚げ

ちょっと懐かしい? 中華風の下味をつけて揚げました。

材料(8本分)

鶏手羽先(チューリップ)……………8本
A ┌ しょうゆ……………………大さじ2
　├ 酒……………………………大さじ1
　├ みりん………………………小さじ2
　├ しょうが汁…………………少々
　└ 五香粉………………………少々
B ┌ 卵黄……………………………1個
　└ 小麦粉………………………1/4カップ
揚げ油…………………………………適量

作り方

1. 鶏手羽先は**A**で下味をつけ、30分ほどおく。
2. 1に**B**を加えて混ぜ、170度の油で揚げる。

リエット

ひき肉を使って簡単に。
野菜をたっぷり入れてヘルシーに。

材料

玉ねぎ	1個
にんじん	1/2本
セロリ	1本
にんにく	1片
サラダ油	適量
豚ひき肉	200g
鶏ひき肉	200g
シェリー酒	1/3カップ
A 水	2カップ
A 固形スープの素	1個
A ローレル	1枚
B バター	15g
B 生クリーム	大さじ2
B ブランデー	大さじ1
塩・こしょう	各少々
パン	適量

作り方

1. 玉ねぎ、にんじん、セロリ、にんにくは薄切りにし、サラダ油でキツネ色になるまで炒める。
2. サラダ油を足し、ひき肉を加えて炒め、色が変わったらシェリー酒を加える。ひと煮立ちしたら**A**を加え、アクを取りながら水分がなくなるまで煮込む。
3. **2**をフードプロセッサーにかけて滑らかにし、鍋に入れて**B**を加え、弱火で少し練り、塩・こしょうで味を調える。
4. パンなどにつけて食べる。

ワインとマリアージュ

ゆっくりワインでも……という日には、
少し手のこんだ料理でワインとの相性を楽しみたいですね。
いままでの私の経験から「これはマリアージュ！」という組み合せをご紹介します。

牛肉の黒ビール煮

なんと1/3本ものバゲットを煮込んでいるので食べごたえあり！

材料（4人分）

牛肉（シチュー用）	400グラム
塩・こしょう	各少々
玉ねぎ	2個
バゲット	1/3本
フレンチマスタード	大さじ1
サラダ油	適量
黒ビール	2と1/2カップ
ローレル	1枚
はちみつ	小さじ2
ズッキーニ	適量

作り方

1. 牛肉は塩・こしょうをすりこんでおく。玉ねぎは薄切りにする。
2. バゲットは厚さ1cmの輪切りにし、片面にフレンチマスタードを塗る。
3. フライパンにサラダ油を熱して牛肉を焼き、全体にしっかり焼き色をつける。
4. 鍋にサラダ油を熱し、玉ねぎをアメ色になるまで炒めて**3**を入れ、ビールを注いで**2**を上に並べ、ローレルを加える。
5. 煮立ったら弱火にし、途中で水分がなくなってきたら水を加えながら1時間くらい煮込む。仕上げにはちみつを加え、塩・こしょうで味を調える。
6. 器に盛り、サラダ油で焼いたズッキーニを添える。

サッシカイア （オススメ）

スーパートスカーナ（スーパータスカン）と称される1本。力強さのあるカベルネソーヴィニョンをベースに、ブラックベリーなどの香りが感じられ、牛肉料理にぴったりです。とっておきの日に開けたいですね。

68　ワインとマリアージュ

マコガレイのクリームソース

道南の知内町が北限とされるマコガレイをフレンチ仕立てで。

材料（4人分）

マコガレイ	1尾
塩・こしょう	各少々

〈クリームソース〉

バター	25g
小麦粉	大さじ2
スープ	1カップ
卵黄	1個
生クリーム	1/2カップ
白ワイン	大さじ2
塩・こしょう	各少々
レモン汁	小さじ2
しめじ	1パック
エリンギ	1本
生しいたけ	4枚
サラダ油	適量
バター	10g
強力粉	適量
シブレット	適量

作り方

1. マコガレイはおろして食べやすく切り、塩・こしょうしておく。
2. ソース用のバターで小麦粉を焦げないように炒め、スープでのばし、溶きほぐした卵黄を加え、生クリーム、白ワインを加えて静かに煮詰める。塩・こしょうで味を調え、レモン汁を加える。
3. 1に強力粉を薄くつけ、サラダ油でパリッと焼く。
4. きのこはそれぞれ石づきを取って手で粗くさき、サラダ油で炒め、仕上げにバターを加えて塩・こしょうする。
5. 器に3と4を盛り、2のソースを添えてシブレットをあしらう。

ピュリニー・モンラッシュ

華やかで、洋なしや白桃のフレーバーが際立つ辛口の白。飲んだあと、バタークリームやはちみつの香りが残ります。それがクリームソースと相性最高！特にマコガレイのしっかりとした味と食感が、このワインでさらに引き立ちます。

ぶどうの赤ワインリゾット

ワインの香りとぶどうの甘酸っぱさがなんともおいしいのです。

材料（4人分）

ぶどう（ピオーネ）	200g
玉ねぎ	1/3個
ベーコン	2枚
パルミジャーノチーズ	20g
A　水	2と1/3カップ
固形スープの素	1個
オリーブ油	適量
米	1カップ
赤ワイン	1カップ
バター	15g
塩	少々
トッピング用ブドウ	5〜6粒

作り方

1. ぶどうは皮をむいて半分に切り、種を取る。玉ねぎはみじん切り、ベーコンは粗みじん切りにし、パルミジャーノはすりおろしておく。
2. Aをひと煮立ちさせ、冷めないようにふたをしておく。
3. フライパンにオリーブ油を熱し、玉ねぎとベーコンを炒め、米を入れて少し透き通るまで炒める。
4. ぶどうと赤ワインを入れ、ひと煮立ちしたら2を3〜4回に分けて加え、少し芯が残る程度に煮る
5. 仕上げにバターを溶かし、パルミジャーノを加えて塩で味を調える。
6. 器に盛り、トッピング用のブドウを半分に切ってのせる。

オススメ

月浦

北海道、洞爺湖の近くのワイナリー。ずいぶん前から注目していたのですが、先日やっと訪ねることができ、作り手の方の熱いお話を聞かせてもらいました。北の大地の力強さを感じさせ、でもどこか爽やかさのあるワインは、このリゾットにぴったり。

シシャモのコカ

スペイン風のピザ「コカ」に釧路産のシシャモを合わせてみました。

材料（直径約22cm）

強力粉	300グラム
A ┌ ドライイースト	6グラム
├ 塩	小さじ1
├ 砂糖	少々
└ オリーブ油	大さじ2
ぬるま湯	カップ1
玉ねぎ	1個
オリーブ油	大さじ2〜3
シシャモ（生干し）	6尾
岩塩	適量

作り方

1. 強力粉は台の上にふるい、Aを加えて軽く混ぜる。くぼみを作ってぬるま湯を入れ、手でなめらかになるまでこねる。
2. ボウルに入れてラップをかけ、暖かい場所に15〜20分おいて発酵させる。
3. 玉ねぎはせん切りにし、オリーブ油をまぶす。
4. 2をめん棒で薄いだ円形に延ばす。
5. 4を天板にのせ、3とシシャモをのせて塩を振り、200度のオーブンで縁に焦げ色がつくまで焼く。

オススメ

カバ モンサラ・ブリュット

コカはピザと違いあっさりとしているので、スペインのスパークリング「カバ」が合います。価格は手ごろで味もすっきり。特にモンサラはオススメの1本。この組み合せで日曜の午後を過ごせたらしあわせです。

タヴェル〈ロゼ〉
南ローヌ地方のタヴェルと合わせてみました。ロゼというと甘いイメージがあるかもしれませんが、このタヴェルは辛口で、果実味と適度な酸味、しっかりとしたアルコール感があるのでサバに充分適応します。

サバのラヴィゴットソース

**揚げたサバをあっさりとした
ソースで仕上げます。**

材料(4人分)

サバ	1尾
塩・こしょう	各少々
強力粉	適量
揚げ油	適量
カリフラワー	50g
トマト	1/2個
にんにく	1片
A 白ワインビネガー	大さじ2
レモン汁	大さじ1
塩	小さじ1/2
こしょう	少々
グレープシード油	大さじ6
ケッパー	大さじ1

作り方

1. サバは3枚におろし、薄切りにして塩・こしょうし、強力粉を薄くつけて180度の油で揚げる。
2. カリフラワーはゆでて5〜6mmの角切りにし、トマトも同様に切り、にんにくはすりおろす。
3. **A**を合わせた中にグレープシード油を少しずつ加えてなめらかにし、**2**とケッパーを混ぜる。
4. 器に**1**を盛り、**3**をかける。

鯛のポワレ

パリパリに焼けた皮がおいしい！

材料（4人分）
- 鯛……………………………1尾
- 塩・こしょう………………各少々
- 〈ソース〉
  - ニンニク…………………1片
  - アンチョビ………………2枚
  - バター……………………20g
  - オリーブ油………………大さじ2
  - レモン汁…………………小さじ2
- サラダ油……………………適量
- ナス（黒・緑）………………各適量

作り方
1. 鯛はうろこを取っておろし、4つに切り分けて塩・こしょうする。
2. ソースは、にんにくとアンチョビをみじん切りにし、小鍋に入れてバターとオリーブ油を加え、弱火にかけ、泡が小さくなったら火からおろしてレモン汁を加える。
3. フライパンにサラダ油を熱し、鯛を皮の方からじっくり焼き、パリパリになったら返して身の方も軽く焼く。
4. 器に3を盛り、2のソースをかけ、角切りにして素揚げしたナスを添える。

サンセール （オススメ）

フランス・ロワール地方のサンセールは、白い花や、ハーブを感じさせるワインです。ソーヴィニョン・ブラン独特のすっきりとしたミネラル感が、白身魚の鯛によく合います。

ガランティーヌ

肉＋肉で巻きもの。ホームパーティーのときにも便利です。

材料（4人分）

鶏むね肉	1枚
塩・こしょう	各少々
合いびき肉	120g
A　卵	1/3個
パン粉	大さじ2
玉ねぎのすりおろし	大さじ3
塩・こしょう	各少々
B　白ワイン	大さじ2
塩・こしょう	各少々
ベーコン（ブロック）	50g
さやいんげん	3本
生しいたけ	2枚
コーンスターチ	適量
白かぶ	適量
スナップえんどう	適量

作り方

1. 鶏肉は包丁を入れてなるべく大きく薄く広げ、全体に塩・こしょうをすりこむ。ひき肉に**A**を混ぜる。
2. ベーコンは棒状に切り、さやいんげんはさっと塩ゆでし、しいたけは7〜8mmの角切りにする。
3. **1**の鶏肉は皮を下にしておき、ひき肉を広げる。**2**をのせてきっちり巻き、タコ糸でしばる。
4. アルミホイルで包み、230度のオーブンで20分ほど焼く。焼き汁をこぼさないようにアルミホイルをはがし、粗熱をとる。
5. 焼き汁は鍋に漉し入れ、**B**で味を調え、水で溶いたコーンスターチでゆるいとろみをつけ、ソースにする。
6. **4**を切り分けて器に盛り、**5**をかける。ゆでたかぶと、スナップえんどうを添える。

オススメ

ニュイ・サンジョルジュ

ブルゴーニュの赤。調和のとれた華やかで開放的なワインで、鶏肉に合います。今回はちょっと複雑だけれど調和がとれ、見た目も華やかなこの鶏肉料理を合わせてみました。

チキンのオリーブ煮

こんなに！というほどのオリーブを入れました。

材料（4人分）

鶏もも肉	350g
塩・こしょう	各少々
小麦粉	適量
オリーブ油	適量
にんにく	1〜2片
白ワイン	1/2カップ
オリーブ（黒・緑）	1カップ
カイエンペッパー	少々
バター	15g
ハーブ各種	適量

作り方

1. 鶏肉は4〜5cmの角切りにし、塩・こしょうする。にんにくはみじん切りにする。
2. 鶏肉に小麦粉を薄くつけ、オリーブ油で表面がパリッとなるように焼き、一度取り出す。
3. にんにくを炒めて2を戻し入れ、白ワインを加えてひと煮立ちしたら、ひたひたの水を加える。
4. 煮立ってきたら、オリーブとカイエンペッパーを加えて20〜30分煮込み、仕上げにバターを加え、塩・こしょうで味を調える。器に盛り、束ねたハーブを添える。

オススメ

ヴィラ・ルシッツ ピノ・グリージョ・コリオ

肉料理ですが、鶏であることと、塩味のあるオリーブと煮込んだ料理なので、しっかりとしたボディの白ワインを合わせました。フルーティさもあり、相性は最高。あまり冷やし過ぎずに飲んだ方がいいようです。

サルティンボッカ

豚肉と生ハム、ハーブもいろいろ使ったイタリア料理です。

材料(4人分)

- 豚ロース肉(厚切り)……4枚
- 塩・こしょう……各少々
- バジル・セージ……各4枚
- タイム……1本
- 生ハム……8枚
- 強力粉……適量
- オリーブ油……適量
- 〈ソース〉
  - 赤ワイン……1/3カップ
  - A [トマト水煮缶……100g
      トマトペースト……小さじ2]
- ミニ野菜各種……適量

作り方

1. 豚肉は筋切りをし、軽くたたいて塩・こしょうする。バジル、セージ、タイムをのせ、その上に包み込むように生ハムをかぶせ、薄く強力粉をつける。
2. フライパンにオリーブ油を熱し、**1**を生ハムの方から焼き、返して火を通し、器に盛る。
3. ソースは、焼いた後のフライパンに赤ワインを入れて煮立て、**A**を加えて少し煮詰め、塩・こしょうで味を調える。
4. ゆでたミニ野菜を添え、**3**のソースをかける。

キャンティ・クラシコ *オススメ*

イタリアのワインといえば……そう、おなじみのキャンティ・クラシコです。エレガントで力強いワインなので、豚肉に生ハムでさらにパワーアップしたサルティンボッカが相応しいかと。

ラム骨付き肉のパン粉焼き

ラム肉はマリネすることでより軟らかくなります。

材料（4人分）

ラム骨付き肉	4本
塩・こしょう	各少々
にんにく	1〜2片
A［ オリーブ油	1/3カップ
クミン・タイム	各少々
じゃがいも	150g
B［ 牛乳	1/2カップ
生クリーム	大さじ2
C［ 塩	小さじ1/2
こしょう	少々
〈ソース〉	
D［ スープの素	小さじ1/2
水	1/2カップ
E［ 粒マスタード・ウスターソース	各大さじ1
トマトペースト	小さじ2
バター	20g
小麦粉・卵・パン粉・サラダ油	各適量

作り方

1. ラムは塩・こしょうし、すりおろしたにんにくと**A**に30分ほどつけておく。
2. じゃがいもはやわらかくゆでて裏ごしし、鍋に入れて**B**を加え、弱火で混ぜながら煮詰め、**C**で味を調える。
3. ソースは、**D**を煮立て、**E**を加えて少しとろりとするまで煮詰め、塩・こしょうする。
4. **1**に小麦粉、溶き卵、パン粉の順に衣をつける。
5. フライパンに多めのサラダ油を熱し、**4**を入れ油をかけながら火を通す。器に**2**と**3**を敷き、盛りつける。

オススメ

シャトー・グリュオー・ラローズ

ボルドーの赤、といえばカベルネソーヴィニョンにメルロー。ハーブ系の香りが生きるように、ラム肉をハーブやオリーブ油でマリネ。ラム肉には、ボルドーの中でも緻密な構造のメドックが最高。

コンドリュー・デュ・ポンサン
北ローヌ地方の白ワインで、ヴィオニエというぶどうだけを使っていて、爽やかな香りと芳醇感があり、酸味をあまり感じさせません。特にこの作り手のものが好きで、コクがあるため鮭やチーズに合います。

オススメ

鮭のキッシュ
オリーブオイル漬けのフェタチーズを使ってみました。

材料（直径21cm）

冷凍パイシート	100g
生鮭	200g
塩・こしょう	各少々
A 玉ねぎ	適量
A にんじん	適量
A セロリ	適量
B 白ワイン	大さじ2
B ローレル	1枚
玉ねぎ	100g
サラダ油	適量
ゴーダチーズ	70g
卵	3個
C 生クリーム	1/2カップ
C 塩・こしょう	各少々
C ナツメッグ	少々
フェタチーズ	100g

作り方

1. パイシートは型にすき間なく敷き、はみ出た分をカットして冷蔵庫で冷やす。
2. 鮭は骨を取り、2cmの角切りにして塩・こしょうする。
3. **A**の野菜は薄切りにして鍋に並べ、上に**2**をのせて**B**を加え、フタをして蒸し煮する。そのまま冷ます。
4. 玉ねぎはみじん切りにし、サラダ油で炒めて冷ます。ゴーダチーズは細かく刻む。
5. ボウルに卵を割りほぐし、**C**と**4**を混ぜる。
6. **1**に**3**の鮭を並べ、フェタチーズを散らし、**5**を流して180度のオーブンで20～25分焼く。

80　ワインとマリアージュ

合鴨のステーキ・バルサミコソース

コクのある肉に負けないワインのソースで。
つけ合わせはいろいろな種類のじゃがいもです。

材料（4〜6人分）

合鴨	350g
塩・こしょう	各少々
〈ソース〉	
エシャロット	30g
A ┌ 赤ワイン	1/2カップ
└ バルサミコ酢	大さじ3
B ┌ バター	30g
├ 塩	小さじ1/3
└ 粗びき黒こしょう	少々
グリーンペッパー（粒）	適量
ピンクペッパー（粒）	適量
じゃがいも各種	適量
クレソン	適量

作り方

1. 鴨の皮目を所々フォークで刺し、塩・こしょうする。フライパンをしっかり熱し、皮を下にして入れ、焦げ色がつくまで焼き、返して身の方を軽く焼く。
2. アルミホイルに包み、200度のオーブンで4〜5分焼き、そのまま冷ます。
3. ソースは、鴨を焼いた後のフライパンでみじん切りのエシャロットを炒め、少し色がついてきたら**A**を入れて少し煮詰め、**B**を加えて味を調える。
4. **2**をスライスして器に盛り、**3**のソースをかけて2色のペッパーを散らし、ゆでたじゃがいもとクレソンを添える。

ボンヌ・マール

鴨とピノ・ノワールの組み合せが好きなので、ブルゴーニュのボンヌ・マールを選びました。力強さのある鴨料理と、エレガントで土壌の強さのあるワイン。パワーアップできそうな組み合せです。

オススメ

ルーセット・ド・サヴォア
フランス・サヴォア地方、スイスとの国境に近い地域でつくられているさわやかで切れ味のあるワイン。スイスといえば乳製品が美味しい国。その影響も受け、ミルキーなじゃがいも料理にはサヴォアです。

ポテトの生クリーム焼き

牛乳、生クリーム、チーズで下煮します。まさにクリーミー！

材料（4人分）

じゃがいも		450g
A	牛乳	1と1/2カップ
	生クリーム	1/2カップ
	ゴーダチーズ	35g
B	塩	小さじ1弱
	こしょう	少々
	ナツメッグ	少々
にんにく		1片
モッツアレラチーズ		30g

作り方

1. じゃがいもは皮をむき、5〜6mm厚さに切る（水にさらさない）。
2. 鍋にAを入れて火にかけ、チーズがとけたら1を入れ、混ぜながら軟らかくなるまで煮てBで味を調える。
3. にんにくは半分に切り、耐熱容器の内側を切り口でこすって2を入れ、細かく刻んだモッアレラチーズを散らし、130度のオーブンで15分ほど焼く。

ペンネのクワトロチーズ

イタリアの4種類のチーズを使ったソースがワインに合います。

材料（4人分）
- パルミジャーノチーズ……………50g
- ペコリーノチーズ…………………30g
- ゴルゴンゾーラチーズ……………20g
- マスカルポーネチーズ……………100g
- にんにく……………………………1片
- 白ワイン……………………………1/2カップ
- ペンネ………………………………250g
- 塩・こしょう………………………各少々
- オリーブ油…………………………少々
- セージの葉…………………………適量

作り方
1. パルミジャーノとペコリーノはすりおろし、ゴルゴンゾーラとマスカルポーネはざっくりほぐす。
2. ペンネは塩を多めに入れてゆではじめる。
3. 鍋に白ワインを入れて火にかけ、煮立ったら1を入れ、弱火にして混ぜながら滑らかにする。
4. ゆでたてのペンネの水気をきり、3に入れてあえ、塩・こしょうで味を調え、オリーブ油をたらす。器に盛ってセージの葉を添える。

オススメ

シャンパン　フランソワ・スコンデ

イタリア料理だけれど、あえてシャンパン。4種のチーズの舌にまとわる食感と、シャンパンの奥が深い爽快感の組み合せはなんとも贅沢です。シャンパンの細かい泡を見て、そろそろと口に運ぶあの一瞬が好きです。

しめにはやっぱり

おなかいっぱい食べて、気持ちいっぱい飲んで、
でもしめにご飯か麺類がひと口欲しくなりますよね。
お酒の席はもちろん、そうじゃなくてもおいしいご飯と麺類をいろいろ集めてみました。

ゆず風味の野菜寿司

あっさりとしたお寿司なのでしめにぴったりです。

材料（4人分）

- 米 ……………………………… 2カップ
- A
  - 酢 ………………………… 大さじ2
  - ゆず果汁 ………………… 大さじ1と1/2
  - 砂糖 ……………………… 大さじ1
  - 塩 ………………………… 小さじ1/2
  - ゆずこしょう …………… 小さじ1
- にんじん ……………………… 40g
- B
  - みりん …………………… 小さじ2
  - 塩 ………………………… 少々
- だし汁 ………………………… 適量
- ごぼう ………………………… 70g
- C
  - しょうゆ ………………… 大さじ1
  - みりん …………………… 小さじ2
  - 塩 ………………………… 少々
- 生しいたけ …………………… 4枚
- たけのこ水煮 ………………… 60g
- D
  - しょうゆ ………………… 大さじ1
  - みりん …………………… 小さじ2
  - 砂糖 ……………………… 小さじ2
- 菊の花 ………………………… 4個
- みょうが ……………………… 2個
- E
  - 酢 ………………………… 大さじ1
  - 砂糖 ……………………… 小さじ2
  - 塩 ………………………… 少々
- 芽ねぎ ………………………… 適量

作り方

1. 米は硬めに炊き、あたたかいうちにAを混ぜておく。
2. にんじんはせん切りにし、ひたひたのだし汁とBで煮る。
3. ごぼうはせん切りにし、水にさらして水気をきり、ひたひたのだし汁とCで煮る。
4. しいたけ、たけのこは薄切りにし、一緒に少なめのだし汁とDで煮る。
5. 菊は花びらをばらし、酢少々（分量外）を入れた湯でゆでて水気を絞る。みょうがは縦半分に切ってゆで、Eにつける。
6. 1を器に盛り、汁をきった2、3、4、5と芽ねぎを散らす。

もずく雑炊

シンプルだけれど深い味。お酒の後にさらさらっと。

材料（2人分）

塩もずく……………………100g
しょうが……………………1片
ごはん………………………200g
だし汁………………………3カップ
A ┌ 塩…………………小さじ3/4
　└ 酒…………………大さじ2

作り方

1. もずくは水につけて、塩気が少し残る程度に塩抜きする。
2. しょうがはせん切りにする。
3. ごはんはざるに入れ、手早く水洗いして水気をきる。
4. 鍋にだし汁を煮立てて**A**で調味し、**3**を入れてひと煮立ちしたら**1**を加える。ごはんがふっくらしてきたら火を止め、器に盛って**2**をのせる。

サンマのひつまぶし風
ウナギに負けないおいしさ！サンマは冷凍でもOKです。

材料(4人分)
- サンマ……………………………4尾
- A
  - しょうゆ・酒………各大さじ1と1/2
  - しょうが汁………………………少々
- しめじ……………………………1パック
- サラダ油…………………………適量
- 片栗粉……………………………適量
- B
  - しょうゆ……………………大さじ4〜5
  - みりん・水………………各大さじ2
  - 砂糖…………………………小さじ2
- ごはん……………………………4〜5杯
- 粉さんしょう……………………少々
- 長ねぎ……………………………1/4本

作り方
1. サンマは3枚におろして腹骨を切り取り、ひと口大に切ってAにしばらくつけておく。
2. しめじは石づきを取ってほぐす。
3. フライパンにサラダ油を熱し、2を炒めて取り出す。
4. 1の汁をふき取って薄く片栗粉をまぶし、3のフライパンで軽く焦げ色がつくまで焼いて取り出す。
5. フライパンの中の油をふき取り、Bを入れてひと煮立ちしたら3と4を加え、全体にたれをからませる。
6. 炊きたてのごはんに5を汁ごと入れて混ぜる。器に盛り、粉さんしょうを振ってせん切りにした長ねぎをのせる。

キムチサンドおにぎり
握らずにパタっと折り畳んでください。簡単でおいしい！

材料（2人分）
キムチ……………………………50g
A [コチュジャン……………小さじ1
   白ゴマ………………………小さじ1/2]
ご飯………………………………2杯
韓国のり…………………………1枚

作り方
1. キムチはざっくり刻み、Aを合わせておく。
2. のりを4つに切り、上にご飯をのせ、中心に1をのせて二つ折りにする。

冷や汁

宮崎県の郷土料理。しみじみおいしく、後をひきます。

材料(4人分)

煮干し	40g
ピーナツ	20g
白いりゴマ	大さじ4
A[麦みそ(または辛口米みそ)	75g
赤だしみそ	25g
熱湯	1カップ
豆腐	1/2丁
湯冷まし	3～4カップ
きゅうり	1/2本
玉ねぎ	1/8個
青じそ	8枚
黒米入り雑穀ご飯	適量

作り方

1. 煮干しは頭と内臓を取り、手でざっくり割ってすり鉢に入れ、すりこぎで細かくする。
2. ピーナツを刻み、白ゴマとともに1に入れてさらにすり、Aを加えてすり混ぜる。
3. アルミホイルに2をのせて平らにのばし、グリルでさっと焦げ色がつくまで焼く。
4. 3をすり鉢に戻し、熱湯を入れて溶く。豆腐を手で崩しながら入れて静かに混ぜる。湯冷ましでのばし(味見しながら)、冷蔵庫で冷やす。
5. きゅうりと玉ねぎ、青じそは5mm角に切り、食べる直前に4に入れ、ご飯にかける。

きのこそば

この素朴さがおいしいんです。

材料(2人分)
- しめじ……………1/2パック
- 生しいたけ……………2枚
- 長ねぎ……………1/2本
- A [めんつゆ※……2カップ
     水……………1カップ]
- そば(生)……………200g
- 七味唐辛子…………適量

作り方
1. しめじは石づきを取ってほぐし、しいたけも石づきを取って粗くさく。長ねぎは長さ4～5cmの太めのせん切りにする。
2. 鍋にAを入れてひと煮立ちさせ、きのこを加えて軽く火を通し、仕上げに長ねぎを加える。
3. そばはたっぷりの湯でゆでて水洗いし、水気をきって湯通しし、器に盛り、熱い2をかけて七味唐辛子を振る。

カレーうどん

お酒の後にピリッと刺激的。シンプルなカレーうどん。

材料(2人分)
- 小麦粉……………大さじ3
- カレー粉…………小さじ2強
- A [めんつゆ※……2カップ
     水……………1カップ]
- B [片栗粉………大さじ1
     水……………大さじ1]
- 小ねぎ……………2～3本
- 干しうどん…………200g

作り方
1. 小麦粉をキツネ色になるまで空炒りし、カレー粉を加えて軽く炒める。Aを入れてよく混ぜ、Bでとろみをつける。
2. 小ねぎは斜め切りにする。
3. うどんはゆでて水洗いし、水気をきって湯通しし、器に盛り、熱い1をかけて、2を散らす。

タラコのあっさりそうめん

タラコの塩分があるので、めんつゆは少し薄めに。

材料（2人分）

タラコ	50g
酒	大さじ1
青じそ	4枚
長ねぎ	1/3本
そうめん	200g
A　めんつゆ※	1と1/2カップ
A　水	1カップ
焼きのり	1/2枚

作り方

1. タラコは薄皮から出し、ほぐして酒を混ぜる。青じそはちぎり、長ねぎは小口切りにして水にさらし、水気をきる。
2. のりはせん切りにする。
3. そうめんはゆでて水洗いし、水気をきって器に入れ、Aをかけて1と2をのせる。

めんつゆ※の作り方

90〜91ページの「めんつゆ」は次のレシピで作ったものです。

鍋にみりん1カップを入れて煮立て、しょうゆ1カップ、水4カップ、削り節30gを加えて煮立て、弱火にして2〜3分煮る。火を止め、昆布10cmを2枚入れて5〜6分おく。ペーパータオルを敷いたざるでこす。

フォー風きしめん

フォーはベトナムの米麺。きしめんでアレンジしました。

材料（2人分）

- 豚ひき肉……………………100g
- 玉ねぎ………………………1/4個
- もやし………………………1/4袋
- すり身………………………100g
- A
  - 酒………………………大さじ1/2
  - 片栗粉…………………大さじ1/2
  - 塩………………………少々
  - しょうが汁……………少々
- B
  - 水………………………3カップ
  - 固形スープの素………1個
- C
  - 酒………………………大さじ2
  - 塩………………………小さじ1/2
  - ナンプラー……………小さじ1/2
- きしめん（乾燥）……………150g
- 香菜…………………………適量
- 赤・青唐辛子………………適量
- ライム………………………適量

作り方

1. ひき肉はゆでて水気をきる。玉ねぎはせん切りにし、もやしはひげ根を取り、それぞれさっとゆでておく。
2. すり身にAを混ぜて練り、ひと口大に丸め、ゆでておく。
3. Bを煮立たせ、Cを加える。
4. きしめんをゆでて器に盛り、熱い3を注ぎ、1と2をのせ、香菜と唐辛子の小口切りを好みの量散らし、ライムを搾る。

シンガポール風焼きビーフン

しめに食べていると、またビールが飲みたくなるんです……。

材料（2~3人分）
ビーフン	150g
エビ	8尾
牛肉（薄切り）	150g
にんにく	1片
玉ねぎ	1/2個
生しいたけ	4枚
にんじん	50g
サラダ油	適量
塩・こしょう	各少々
A［カレー粉	大さじ1
クミン	少々
B［水	2/3カップ
鶏がらスープの素	小さじ1
オイスターソース	大さじ1
酒	大さじ1
しょうゆ	小さじ2
塩・こしょう	各少々
青唐辛子	適量

作り方

1. ビーフンは硬めに戻す。
2. エビは尾を残して殻をむき、背ワタを取る。牛肉はひと口大に切る。
3. にんにくはみじん切り、玉ねぎ、しいたけ、にんじんはせん切りにする。
4. フライパンにサラダ油を熱してエビ、牛肉をそれぞれ炒めて塩・こしょうし、取り出す。
5. サラダ油を足してにんにくを炒め、玉ねぎ、しいたけ、にんじんを炒め、**4**を戻す。**A**を振って炒め、香りが出たら**B**を加え、煮立ったら**1**を入れて煮汁がなくなるまで炒め煮する。
6. 器に盛り、半分に切って炒めた唐辛子をのせる。

いつもの、とっておきの、思い出の、お酒たち

どんなお酒でも嫌いではありません、いいえ、どんなお酒も好きです(笑)。でも、つくり手のことを詳しく知っていたり、銘柄にこだわったり、飲み方にウンチクを傾けたりするわけではなく、そこにあるお酒を、楽しく、おいしく飲めたらいいと思っています。そんな私ですが、「これ、好き！」と言えるお酒もあります。「こんなお酒、知ってる？」と自慢したくなるお酒もあります。「これを飲んだときにねー」と話が長くなるお酒もあります。それらを少しだけこの誌面でご紹介します。ワインはお料理のページに登場しているので省きました。

百年の孤独

麦焼酎(醸造元 黒木本店)
もうかなり昔ですが、知り合いに連れていってもらったお寿司屋さんで出会いました。お寿司には日本酒……と思っていましたが、勧められるままロックでいただいたら、お寿司の邪魔をせず、むしろ引き立ててくれて、おいしいこと！それ以来やみつきになりましたが、今や幻の焼酎に。やっと手に入れた貴重な1本です。

たちばな原酒

芋焼酎(醸造元 黒木本店)
「百年の孤独」と同じ蔵でつくられている芋焼酎です。割り水やブレンドなど一切の調整を拒否した原酒100%。その心意気がいいなーと思います。飲んでみたいという誘惑にかられながらも、もったいなくてまだ封を開けていません。どんなときに、誰と一緒に飲もうかな。楽しみはずっと続きます。

有泉

黒糖焼酎(醸造元 有村酒造)
ちょっと気恥ずかしいんですが、2008年春、「東海林明子と行く与論島」というツアーが開催され、初めて行った与論島で出会った焼酎です。島唯一の蔵でつくられているそうです。同行者と3連夜、1本ずつ確実に空にして、それでも翌朝はすっきり。与論の青い海とともに忘れられないお酒になりました。ちなみに、地元では安い！

グラッパ ロマーノ・レヴィ

グラッパ（販売元 各社）

最初に出会ったのはとあるバーでした。イタリア最高のグラッパ職人といわれたロマーノ・レヴィ氏によるもので、ラベルは自ら1枚1枚手描きしている―つまり世界に1本しかないのだと聞きました。数年後、やっと手に入れることができましたが、レヴィ氏は最近亡くなってしまったそうで、開けられなくなってしまいました。

グラッパ サッシカイア

グラッパ（販売元 エノテカ）

グラッパはぶどうの搾りかすを発酵させたアルコールを蒸留してつくる、とてもアルコール度の高いお酒です。このサッシカイアはカベルネ・ソーヴィニョンが原料で、アルコール度数40％ながら、上品な味わい。眠れない夜（あまりないけれど）や、何かいいことがあった日に、チビッ！グイッ！と飲みます。

国稀 暑寒しずく

日本酒（醸造元 国稀酒造）

増毛町に明治15年から蔵をかまえる国稀酒造の純米酒。暑寒岳の水を使って酒づくりをされています。この「暑寒しずく」は、その名前の通り水の清らかさを感じさせてくれるおいしいお酒で、地元の留萌管内だけで販売されています。石づくりの蔵など歴史ある建物が素敵なので、足を運んで購入するというのもいいですね。

日高見

日本酒（醸造元 平孝酒造）

姉が住む宮城県石巻市でつくられている「日高見」の純米大吟醸。宮城県には、例えば「一ノ蔵」などおいしいお酒はたくさんありますが、個人的に好きなのがこれ。何となく、地元の人たちに愛されていることが伝わる、純朴な味なような気がします。新鮮な魚が手に入ったら、開けたくなりますね。

東海林 明子

天使女子短期大学栄養科卒業。栄養士、ワインコーディネーター。札幌市婦人会館料理専任講師、北海道ドレスメーカー学院調理講師を経て、フリーの料理家として活動。札幌市の各区民センター、石狩市石狩教育委員会、道新文化センターなどで料理講座を担当してきた。現在、札幌市エルプラザにおいて「東海林明子の料理教室」を主宰。道内各地（天塩町、知内町、上士幌町、中標津町など）で、地元の方々との料理交流を通して町おこしにもひと役かっている。北海道放送や北海道文化放送のテレビ番組の出演、ラジオ番組の出演、北海道新聞社の「道新ポケットブック」やホクレンPR誌「GReen」の料理制作など活動の場は幅広い。著書に「おいしいものたべようよ」（共同文化社）がある。

構成・編集・文	土門 雅子（株式会社 自然農園）
撮影	大滝 恭昌（有限会社 スタジオK2）
スタイリング	斎藤 奈保子
	信太 悦子
デザイン	野村 眞代（有限会社 井上広告制作所）
クッキングアシスタント	前澤 笑子
制作協力	スタジオK2　秋山 公司　安達 英人　小笠原 和子
	吉川 雅子　八幡 智子　東海林 信太朗

食材協力
＊敬称略

【野菜】
千歳市　梅村 拓
長沼町　四釜 慎一郎
南幌町　城地 英紀
南幌町　有限会社 NOAH

【魚介】
枝幸町　枝幸海産
知内町　上磯郡漁業協同組合
釧路市　釧路市漁業協同組合

食器協力　うつわ、こまもの kohze（コウゼ）
札幌市中央区南1条西13丁目 三誠ビル2F　TEL011-272-2139

東海林 明子
おいしく のもうよ
お酒と一緒だからおいしいレシピ

発　行　2008年11月29日
著　者　東海林 明子
発行所　株式会社 共同文化社
　　　　〒060-0033　札幌市中央区北3条東5丁目
　　　　TEL011-251-8078
　　　　http://www.iword.co.jp/kyodobunkasha
印　刷　株式会社 アイワード

©AKIKO SHOJI 2008 Printed in Japan
落丁本、乱丁本はお取り替えいたします。
本書の無断複写（コピー）は
著作権法上での例外を除き、禁じられています。
ISBN978-4-87739-150-8 C0077